Hans Reis

Beiträge zur Syntax der Mainzer Mundart

Hans Reis

Beiträge zur Syntax der Mainzer Mundart

ISBN/EAN: 9783743304758

Hergestellt in Europa, USA, Kanada, Australien, Japan

Cover: Foto ©Thomas Meinert / pixelio.de

Manufactured and distributed by brebook publishing software (www.brebook.com)

Hans Reis

Beiträge zur Syntax der Mainzer Mundart

Beiträge
zur
Syntax der mainzer Mundart.

Inauguraldissertation

zur Erlangung der Doktorwürde

an der Universität Giessen

eingereicht

von

HANS REIS.

MAINZ.
1891.

Inhaltsverzeichnis.

	Seite
Einleitung	7
Die Formen des Verbums	9
1. Die Genera	10
2. Die Tempora	12
3. Die Modi	20
A. Die Modi im selbstständigen Satze	21
B. Die Modi im unselbstständigen Satze	24
4. Die Verbalnomina	30
5. Die Personen	32
Die Formen des Nomens	33
1. Die Genera	33
2. Die Numeri	34
3. Die Casus	36
A. Der Nominativ	36
B. Der Accusativ	38
C. Der Dativ	39
D. Der Genitiv	39
4. Die Adjektivflexion	42
5. Der Artikel	44

Literatur.

Behaghel, Über die Zeitfolge der abhängigen Rede. Paderborn 1874.
— Die neuhochdeutschen Zwillingswörter. Germania 1878.
— Beiträge zur deutschen Syntax. Germania 1879.
— Die deutsche Sprache. Leipzig und Prag 1886.
— Zum Heliand und zur Heliandgrammatik. Germania 1886.
— Vorlesung über deutsche Syntax, gehalten im Sommersemester 1889 an der Universität Giessen.
Binz, Zur Syntax der baselstädtischen Mundart. Stuttgart 1888.
Erdmann, Grundzüge der deutschen Syntax, 1. Abteilung. Stuttgart 1886.
Grimm, Deutsche Grammatik, Bd. 4. Göttingen 1837.
Paul, Prinzipien der Sprachgeschichte, 2. A. Halle 1886.
— Mittelhochdeutsche Grammatik, 2. A. Halle 1884.
— Grundriss der germanischen Philologie. Halle 1889 ff.
Tobler, Über die scheinbare Verwechslung zwischen Nominativ und Accusativ. Zeitschrift für deutsche Philologie 1873.
Wilmanns, Deutsche Grammatik. Berlin 1883.
Firmenich, Germaniens Völkerstimmen. Berlin 1846 ff.
Lennig († 1838), Etwas zum Lachen, 8. A. Mainz 1870.
Mainzer Humoristische Blätter, 1889.

Einleitung.

Wenn in der Gegenwart das früher über Gebühr vernachlässigte Studium der Syntax mit grossem Interesse aufgenommen und mit verdoppeltem Eifer betrieben wird, so hat das Neuhochdeutsche auffallend wenig Berücksichtigung gefunden, „hauptsächlich wol deshalb, weil man es wie überhaupt die modernen Dialekte für ausgeartet, barbarisch, inconsequent hält".[1] Die Forschungen, welche bisher über syntaktische Verhältnisse einer bestimmten Mundart angestellt worden sind, beschränken sich auf die 1888 erschienene Dissertation von Gustav Binz: Zur Syntax der baselstädtischen Mundart. Wir versuchen, in dieser Arbeit gleichsam eine Fortsetzung der Binz'schen Schrift zu geben, indem wir den von Binz behandelten Teil der Syntax im wesentlichen ausser Acht lassen, und einem andern Abschnitte derselben uns zuwenden wollen. Wir befolgen in der Einteilung der Syntax die Anordnung, welche Binz[2] angegeben hat; sie beruht im ganzen auf dem Miklosich'schen System, und wurde uns von unserm verehrten Lehrer, Herrn Professor Behaghel mitgeteilt in den Vorlesungen, die er über deutsche Syntax an den Hochschulen zu Basel und Giessen gehalten hat. Hiernach teilen wir ein:

1. Lehre von der Bedeutung der Wortklassen.
2. Lehre von der Bedeutung der Wortformen.
3. Lehre von der Betonung.
4. Lehre von der Wortstellung.

---

[1] Behaghel, Entstehung der abhängigen Rede S. 3.
[2] Binz S. 2 f.

Hat Binz den ersten Abschnitt der Syntax, die Lehre von der Bedeutung der Wortklassen behandelt, so ist der Gegenstand unserer Arbeit die Lehre von der Bedeutung der Wortformen. Die Mundart, mit welcher wir es hier zu tun haben, ist diejenige der Stadt Mainz; sie gehört zu den mitteldeutschen und zwar zu den rheinfränkischen Mundarten, welche im Vergleich mit den niederdeutschen und den schweizerischen Dialekten der Schriftsprache sehr nahe stehen. Daher ist von ihr die mainzer Mundart vielfach beeinflusst worden. Hierzu trug der lebhafte Verkehr bei, den Mainz als wichtige Handelsstadt am Rhein nach Norden und Süden unterhielt; durch ihn wurden manche mundartlichen Eigentümlichkeiten beseitigt, zunächst in den höheren Schichten der Bevölkerung von Mainz und durch deren Vermittelung auch in den niederen Klassen.

Der ursprünglichen Mundart wirkte ausserdem noch der Umstand entgegen, dass die Eltern und Grosseltern der grösseren Hälfte unter den heutigen Bewohnern der Stadt Mainz eingewandert sind und mit dem andern Blut auch eine andere Sprache mitgebracht haben. Die Einwirkung der Schule war gleichfalls der Mundart ungünstig. Alle diese Umstände erzeugten den Verlust wesentlicher mundartlicher Eigentümlichkeiten, welcher besonders auffällig entgegentritt, wenn man die Dialekte der ländlichen Umgebung von Mainz mit der Stadtmundart vergleicht. Auf der anderen Seite wurde eben dadurch auch die Reinheit der Schriftsprache im Munde der Gebildeten sehr beeinträchtigt, da diese ja um so schärfer ausgeprägt ist, je mehr die Umgangssprache sich von ihr entfernt.[1]) Gleichwol bietet die Darstellung von syntaktischen Erscheinungen der mainzer Mundart geringere Schwierigkeiten; denn die meisten Einbussen derselben betreffen den Wortschatz und die Lautlehre, nur wenige die Syntax und die Formenlehre.

Die Behandlung irgend einer Mundart gewinnt wesentlich an Klarheit, wenn andere Mundarten zum Vergleich herangezogen

---

[1]) Paul, Prinzipien, S. 358.

sind. Zu diesem Zwecke wurden die Mundarten in der ländlichen Umgebung von Mainz, oberhessische Mundarten, mit denen der Verfasser durch längeren Aufenthalt in Oberhessen bekannt geworden ist, ja selbst oberdeutsche und niederdeutsche Mundarten berücksichtigt. Es konnten die Sprachgrenzen für einige wenige Erscheinungen allerdings nur annäherungsweise festgestellt werden. Auch der Vergleich der Mundart mit der Schriftsprache und den früheren Sprachperioden durfte nicht unterlassen werden.

Die mannigfaltigen Beziehungen, in welchen die Syntax der Wortformen zu der Flexionslehre steht, gaben Veranlassung, zur Erklärung gewisser Erscheinungen der Syntax auf die Flexionslehre zurückzugreifen und einige Punkte aus derselben zu behandeln; ist die Flexion im Grunde doch nur ein Ergebnis syntaktischer Erscheinungen.

In der Orthographie der mundartlichen Beispiele wurde, wie von Binz, die bei den Dialektschriftstellern übliche, nicht die phonetische Schreibweise in Anwendung gebracht, zumal wenn die Beispiele gedruckten Quellen entnommen wurden.

Wir behandeln im Folgenden zuerst die Flexionsformen des Verbums, dann die des Nomens.

Die Formen des Verbums.

§ 1. Der Reichtum der deutschen Verbalformen, wie er in den früheren Sprachperioden bestand, hat in der mainzer Mundart eine noch bedeutendere Einschränkung erfahren als in der neuhochdeutschen Schriftsprache. Wir unterscheiden solche Flexionsformen, welche sämmtliche Zeitwörter besitzen können, und solche, welche nur von einer geringen Anzahl von Verben gebildet werden.

Zu den ersteren gehören:
1) Der Indikativ Präsentis.

2) Die zweite Person Imperativi Singularis und Pluralis.
3) Der Infinitiv Präsentis.
4) Das Partizipium Präteriti.
Unter die letzteren sind zu rechnen:
1) Der Indikativ Präteriti.
2) Der Konjunktiv Präteriti.
Ganz verloren gegangen sind also:
1) Der Konjunktiv Präsentis.
2) Das Partizipium Präsentis.

Zu den genannten einfachen Flexionsformen kommen noch die periphrastischen Formen, welche durch Verbindungen gewisser Hilfszeitwörter mit dem Infinitiv Präsentis oder dem Partizipium Präteriti entstanden sind. Mit dem Infinitiv Präsentis verbinden sich auf diese Weise der Indikativ Präsentis von *werden* und *tun* und der Konjunktiv Präteriti von *tun*; mit dem Partizipium Präteriti der Indikativ Präsentis von *haben*, *sein* und *werden*, der Konjunktiv Präteriti von *haben* und *sein*, und der Indikativ Präteriti von *sein*; dazu kommen noch doppelte Umschreibungen mit *sein worden*, *tun werden* und *gehabt haben*.

§ 2. Es ist unsere Aufgabe, in diesem Abschnitte die Bedeutung der einfachen und periphrastischen Formen des Verbums darzustellen. Wir unterscheiden bei demselben:
1) Die Genera.
2) Die Tempora.
3) Die Modi.
4) Die Verbalnomina.
5) Die Personen.
Wir beginnen mit der Darstellung der Genera.

1. Die Genera.

§ 3. „Das Aktivum hatte stets die vollste, reichste Form"; [1]) das Passivum besitzt keine selbstständigen Formen, wenn man hierzu nicht das Partizipium Präteriti rechnen will. Es wurde

---
[1]) Grimm IV, S. 4.

daher schon im Althochdeutschen durch Umschreibungen bezeichnet; im Mittelhochdeutschen entwickelte sich die Umschreibung mit *werden* und dem Partizipium Präteriti für das Präsens und Präteritum, welche in der Mundart nur noch für den Indikativ und Infinitiv Präsentis erhalten ist; z. B. *er werd gehaue, gehaue wern*. Die mittelhochdeutsche Umschreibung des Perfekts und Plusquamperfekts Passivi mit *sin* und dem Partizipium Präteriti ist in der Mundart wie in der Schriftsprache meist durch die mit *sei worn* (sein worden) und dem Partizipium Präteriti verdrängt worden. Wo sie sich noch findet, soll nicht das Vorübergehen, sondern das Fortdauern eines bewirkten Zustandes dargestellt werden;[1]) in diesem Sinne wird sie in der Mundart ausgedehnter verwendet als in der Schriftsprache, wie sich bei der Besprechung des Plusquamperfektums (vgl. § 14) und des Konjunktivs in Wunschsätzen (vgl. § 17) zeigen wird.

§ 4. Diese Umschreibungen sind notwendig; denn ohne sie kann die mit dem Passivum verknüpfte Bedeutung nicht ausgedrückt werden. Anders liegen die Verhältnisse bei dem Aktivum; hier haben wir eine Umschreibung, welche ohne jeglichen Unterschied neben der einfachen Form angewendet werden kann; es ist die Umschreibung mit *dhue* (tun) und dem Infinitiv Präsentis. Dieselbe entsprach ursprünglich nicht in dem Masse einem Bedürfnis, wie die Umschreibung des Passivums durch *werden*, sondern sie ging hervor „aus abweichender auxiliarischer Bedeutung, die sich im häufigen Gebrauch verallgemeinerte."[2]) Die Verbindung kann verschiedene Ausgangspunkte haben: aus mittelhochdeutschem *tuon* mit Infinitiv = *veranlassen*, und mhd. *tuon* mit Partizipium Präteriti.[3]) Die Verengerung, welche sie ursprünglich dem Vollverbum verlieh, ist heute völlig aufgegeben, ja die Um-

---

[1]) Grimm IV, S. 16.
[2]) Grimm IV, S. 9.
[3]) Binz (nach Behaghels Vorlesungen), § 152; Paul, mhd. Gr. § 292; § 298 Anm.

schreibung ist in gewissen Fällen zu einer Notwendigkeit geworden. Die Mehrzahl der Verba kann in der Mundart keinen selbstständigen Konjunktiv Präteriti mehr bilden; derselbe wird ersetzt durch den Konjunktiv Präteriti von *tun* mit folgendem Infinitiv. Zu jenen Verben gehört auch das Hilfszeitwort *werden*; daher haben wir im Konjunktiv Präteriti Passivi zwei Umschreibungen immer vereinigt: die des Vollverbums durch *werden*, und die des Hilfsverbums *werden* durch das ursprünglich nur mit aktivem Nebensinne gebrauchte *tun*; vgl. *dhet gehaue wern* (würde gehauen). Bei der genauen Besprechung des Konjunktivs Präteriti wird sich zeigen, dass manche Zeitwörter (z. B. *kommen, gehen, stehen, wissen* etc.) noch eine selbstständige Form für ihn besitzen. Die Umschreibung mit *tun* wird aber daneben auch angewandt; man sagt sowol *er käm, ging, stind, wisst*, als *er dhet komme, dhet gehe, dhet stehe, dhet wisse* etc. Dasselbe gilt für den Indikativ Präsentis, in welchem die einfache Form und die Umschreibung mit *tun* gebräuchlich ist, z. B. *er geht* und *er dhut gehe, schwätzt* und *dhut schwätze* etc. Sehr selten ist die Umschreibung im Indikativ Präsentis Passivi, im Imperativ und bei den Hilfsverben (mit Ausnahme von *werden*).

§ 5. Der Gebrauch und die Bedeutung beider Genera ist der nämliche, wie in der Schriftsprache, und wird deshalb hier nicht behandelt.

2. Die Tempora.

§ 6. „Wenig Sprachen", sagt Grimm,[1] „sind für den Ausdruck der Zeitverhältnisse sparsamer ausgestattet als die deutsche; sie besitzt nur Formen des Präsens und eines einzigen Präteritums. Weder das Futurum noch die in anderen Sprachen vielfach gegliederten Stufen der Vergangenheit vermag sie unumschrieben zu bezeichnen." Die Dialekte giengen vielfach noch weiter; die mainzer Mundart kennt eine indikativische

---

[1] Deutsche Grammatik IV, S. 139.

präteritale Form nur für die zwei Verba *sein* und *wollen*; für alle übrigen ging der Indikativ Präteriti verloren.

§ 7. Zur Erklärung dieser Verluste stellen wir die mundartlichen Formen des Präsens eines regelmässigen schwachen Verbums neben diejenigen Formen, welche sich lautgesetzlich aus dem mittelhochdeutschen Präteritum desselben Verbums hätten entwickeln müssen. Wir wählen hierzu das Verbum *spielen*.

Ind. Präs.	*Ind. Prät.*
S. 1. *spiel*	S. 1. *spielt*
2. *spielst*	2. *spielst*
3. *spielt*	3. *spielt*
P. 1. *spiele*	P. 1. *spielte*
2. *spielt*	2. *spielt*
3. *spiele.*	3. *spielte.*

Aus diesen Reihen ist ersichtlich, dass in der Mundart lautgesetzlich die zweite Person Singularis und Pluralis und die dritte Person Singularis im Indikativ Präsentis und Präteriti zusammengefallen waren. Diese lautgesetzliche Entwicklung fand wohl schon ziemlich frühe statt; in den aus dem Ende des Mittelalters stammenden Urkunden ist der Wegfall des auslautenden *e* bereits eingetreten, während das Präteritum durchweg noch im Gebrauche ist. Der Gebrauch der Formen *spielst* und *spielt* hatte aber in sehr vielen Fällen Zweideutigkeit hervorgerufen; die Beziehung auf die Vergangenheit konnte nicht deutlich ausgedrückt werden; man suchte nun eine Konstruktion, welche dieses zu leisten vermochte. Eine solche fand man in dem periphrastischen Perfektum; es bezeichnete ursprünglich einen Zustand, welcher in der Gegenwart abgeschlossen ist, enthielt aber zugleich einen versteckten Hinweis auf die Vergangenheit, indem die Ursache dieses Zustandes Handlungen sind, welche in der Vergangenheit liegen. Wir haben also hier die nicht ungewöhnliche Vertauschung von Ursache (die Handlung der Vergangenheit) und Wirkung (der in der Gegenwart abgeschlossene Zustand). Diese Form verdrängte das einfache Präteritum zunächst in drei Personen, bald aber drang sie siegreich auch in die übrigen ein.

Veranlasst wurde der Zusammenfall der drei Personen im Präsens und Präteritum durch den lautgesetzlichen Abfall des unbetonten *e*. Derselbe konnte jedoch nicht bei unregelmässigen oder starken Verben in Betracht kommen, da dieselben ihr Präteritum durch Änderung des Wurzelvokals bildeten. Hier wirkte nun die Macht der Analogie; diese rief neben die Formen des einfachen Präteritums diejenigen des periphrastischen Perfekts. Von den Doppelformen, welche auf diese Weise entstanden waren, war das Präteritum entbehrlich; es fiel daher in einigen Mundarten vollständig weg, in anderen behauptete es sich neben dem periphrastischen Perfekt. In dieser Hinsicht können wir vier Stufen unterscheiden:

1. Das einfache Präteritum ist gänzlich verdrängt worden, so im Bayrischen und Alemanischen.[1])

2. Der Indikativ des einfachen Präteritums findet sich nur bei einzelnen Hilfszeitwörtern, welche daneben auch ein Perfekt bilden. Die Grenze in dem Süden fällt mit der Sprachgrenze zwischen Mittel- und Oberdeutsch am Rhein zusammen, soweit aus Firmenich zu schliessen ist; in dem südlichsten Teile der bayrischen Pfalz, in Bergzabern und in Pirmasenz findet sich das einfache Präteritum von *sein*.[2]) Hierher gehört auch die mainzer Mundart, in welcher nur die Verba *sein* und *wollen* einen Indikativ Präteriti bilden können.

3. Der Indikativ Präteriti ist neben dem Perfekt bei allen Verben gebräuchlich, wenn keine Zweideutigkeit entsteht. Dies ist der Fall nicht nur bei allen Verben, bei denen der Indikativ Präsentis von dem Indikativ Präteriti in allen Personen verschieden ist, sondern auch bei denjenigen, wo ein Zusammenfall eingetreten ist, wenn eine unzweideutige Präteritalform ihnen

---

[1]) Behaghel, D. Spr. S. 210.
[2]) Firmenich II, S. 27.

vorangeht, und die Beziehung auf die Vergangenheit durch jene klar gestellt ist. Man sagt hier also nicht: *er stellt(e) den Tisch hin*, wenn nicht ein deutliches Präteritum vorher die Vergangenheit unzweideutig bezeichnete, wie z. B. *er wusch den Tisch und stellt en hin*. Die Grenze gegen die zweite Stufe liegt wenig nördlich von Mainz; im Taunus (im Kurort Falkenstein) und am Fusse desselben in Höchst am Main haben wir die Formen *tronkte* (tranken), *sahte* (sagten), *moht* (mochte)[1] u. s. w., in Oberhessen *kief* (kaufte), *krach* (kriegte = bekam), *jug* (jagte), *frug*, *wusch* u. s. w. Je weiter wir nach Norden schreiten, desto seltener wird das periphrastische Perfekt; aber immer muss es noch gebraucht werden, wenn es sich darum handelt, die Zeitstufe der Vergangenheit klar zu bezeichnen.

4. Der Indikativ Präteriti ist bei allen Verben im Gebrauch, wenn auslautendes *e* nicht weggefallen, und der Unterschied zwischen dem Indikativ Präsentis und Präteriti nicht beseitigt ist. Selten ist daneben der Gebrauch des periphrastischen Perfekts. In der gelderner Mundart z. B. sagt man: *Hen quackte domm tüch* (er schwätzte dummes Zeug), seltener *hen hät domm tüch gequackt*. Die südliche Grenze dieses Gebrauches liegt im Westen nördlicher als im Osten; während in Giessen noch die dritte Stufe herrscht, haben wir in dem südlicheren Sachsen die Formen *gunck, dachte, sahte* u. s. w.[2]

Unbeantwortet bliebe noch die Frage, warum die Verdrängung des Präteritums im Süden radikaler durchgeführt ist als im Norden. Man könnte vermuten, dass der Wegfall des unbetonten *e* im Süden des deutschen Sprachgebietes begonnen habe, und von hier, ähnlich der hochdeutschen Lautverschiebung, nach Norden allmählich vorgerückt sei. Ihm folgten die Beseitigung des schwachen Präteritums und die Doppelformen des Perfekts und starken Präteritums; diese wurden früher in südlicheren

---
[1] Firmenich II, S. 76 f.
[2] Firmenich II, S. 257 f.

Gegenden beseitigt als in nördlicheren, in denen sie sich teilweise bis auf den heutigen Tag erhalten haben

§ 8. Ein ähnlicher Vorgang fand bei dem **Konjunktiv Präteriti** statt, doch in geringerem Umfang. Stellen wir den Indikativ Präsentis neben die Formen, die lautgesetzlich aus dem mittelhochdeutschen Konjunktiv Präteriti hätten entstehen müssen. Wir wählen hierzu das Verbum *werden*, beachten aber hierbei, dass in der mainzer Mundart i und ü zusammengefallen sind und vor r-Verbindungen gemeinschaftlich in e verwandelt wurden, und dass später bei diesem Zeitworte eine Anlehnung an die übrigen Verba stattgefunden hat, indem man nach dem Muster *heert* (hört), *heerst* (hörst) : *heer* (höre), *heern* (hören) zu *wert* (wird), *werst* (wirst) die Formen *wer*, *wern* statt des lautgesetzlich zu erwartenden *wert* und *werde* bildete.

Ind. Präs.		Konj. Prät.	
S. 1.	wer	S. 1.	wert
2.	werst	2.	werst
3.	wert	3.	wert
P. 1.	wern	P. 1.	werde
2.	wert	2.	wert
3.	wern.	3.	werde.

Ähnlich ist es bei den Zeitwörtern *sterben*, *verderben*, *spielen*, *leben* u. s w. Ein Zusammenfall von Formen des Indikativus Präsentis mit dem Konjunktiv Präteriti fand also nicht nur bei den regelmässigen schwachen Verben, sondern auch bei einer beträchtlichen Anzahl starker und unregelmässiger Verba statt. Bei andern starken Verben, wie *gehen*, *geben*, *kommen* u. s. w., oder unregelmässigen wie *wollen*, *tun*, *sein*, *haben* u. s. w. besteht ein deutlicher Unterschied zwischen dem Indikativ Präsentis und dem Konjunktiv Präteriti; daher wurde letzterer ohne Bedenken gebildet. In den übrigen Fällen aber musste man zu einem Ersatz oder zu einer Umschreibung greifen. Ersterer war nicht möglich, weil keine von den bestehenden Formen des Verbums, weder von den einfachen noch von den periphrastischen, für die Funktion des Konjunktiv Präteriti geeignet war. Daher wählte man die Umschreibung mit dem Konjunktiv Präteriti von *tun* in Verbindung mit dem Infinitiv Präsentis. Diese Umschreibung drang auf dem Wege der Analogie auch in die Flexion der Zeitwörter ein, welche einen von dem Indikativ Präsentis verschiedenen Konjunktiv Präteriti haben, ohne jedoch diesen zu verdrängen (vgl. § 4). Erwähnenswert ist die Wendung *er dhet dhue*, in welcher die Umschreibung selbst bei dem Verbum *tun* angewendet ist.

§ 9. Das periphrastische Perfektum wird durch die Verbindung der beiden Hilfszeitwörter *haben* und *sein* mit dem Partizipium Präteriti gebildet. Der Gebrauch beider Verba stimmt im Allgemeinen mit dem der Schriftsprache überein;[1] im Einzelnen bemerken wir, dass bei *machen* (= reisen) die Mundart das Verbum *sein* gebraucht; z. B. *der is uff Frankfort gemacht*. Die mainzer Mundart nimmt hier, wie anderswo, eine vermittelnde Stellung zwischen dem Oberdeutschen und Niederdeutschen ein. Bei ersterem wird das Verbum substantivum viel häufiger verwendet;[2] so in der basler Mundart bei den Verben *liegen, sitzen, wohnen, schlafen* u. s. w., bei denen die mainzer Mundart durchgängig das Verbum *haben* gebraucht. Das Niederdeutsche bevorzugt in weit stärkerem Masse das Hilfszeitwort *haben*; z. B. *dat hett gaud west*.[3] In der neuesten Zeit sind manche Zeitwörter aus der Schriftsprache in die Mundart eingedrungen; ihr Perfekt wird nach dem Muster der meisten Verba mit *haben* gebildet, z. B. *ich hab em begegnet* (franz. *j'ai rencontré*).

§ 10. Das Plusquamperfektum wurde gebildet durch die Verbindung der Präterita von *sein* und *haben* mit dem Partizipium Präteriti des Vollverbums; im Passivum wird das Partizipium

---

[1] Erdmann § 152, S. 107—110.
[2] Binz § 143.
[3] Behaghel, D. Spr. S. 33.

worden in der Schriftsprache noch hinzugefügt. Da das Präteritum Indikativi von *haben* in der heutigen Mundart nicht mehr existiert, so musste die mit *hatte* gebildete Form des Plusquamperferktums untergehen. An stelle dieses Präteritums tritt, wie gewöhnlich, das periphrastische Perfekt; für *hatte* sagt man *hot gehatt*, für *hatte gemacht* also *hot gemacht gehatt*, so dass wir hier eine doppelte Umschreibung haben. Bei denjenigen Zeitwörtern, welche ihr Plusquamperfektum mit *sein* bilden, blieb dasselbe in der regelmässigen Form erhalten. Im Passivum unterlässt die Mundart die Hinzufügung des Partizipiums *worden* im Indikativ Plusquamperfekti, gestattet sie dagegen im Konjunktiv. Im Konjunktiv Plusquamperfekti Aktivi haben wir die Formen *hätte* und *wäre* mit dem Partizipium, wie in der Schriftsprache. Wir können also folgende sieben Formen des Plusquamperfektums unterscheiden:

1. *er hot gemacht gehatt;*
2. *er hätt gemacht;*
3. *er war gange* (gegangen);
4. *er wär gange;*
5. *er war gehaue;*
6. *er wär gehaue;*
7. *er wär gehaue worn.*

§ 11. Nach dem Vorhergehenden können wir vier indikativische Formen zur Bezeichnung des Unterschiedes der Zeitstufen unterscheiden. Wir teilen dieselben ein:

1. in Formen, welche von allen Verben gebildet werden können. Diese sind:
    1. das Präsens;
    2. das Perfektum;
    3. das Plusquamperfektum.

2. in Formen, welche nur von wenigen Verben vorkommen. Zu diesen gehört das Präteritum, welches im Indikativ nur von den Hilfszeitwörtern *sein* und *wollen* gebildet wird.

Wir werden im Folgenden die Bedeutung dieser Tempora

im Indikativ behandeln; die Bedeutung derselben im Konjunktiv wird in der Moduslehre besprochen werden.

§ 12. Das **Präsens** dient zur Bezeichnung aller drei Zeitstufen; wir unterscheiden demgemäss einen dreifachen Gebrauch desselben.

1. Es bezeichnet eine in der **Gegenwart** dauernde oder eintretende Handlung.

2. Es ist die einzige Form, durch welche eine bestimmte auf die **Zukunft** bezogene Aussage ausgedrückt werden kann. Die früher gebräuchlichen Umschreibungen des Futurums durch *wollen* oder *sollen* mit dem Infinitiv existieren nicht mehr, auch nicht in der Wendung: *es scheint regnen zu wollen*.[1]) Die Umschreibung mit *werden* und dem Infinitiv ist noch heute in der Mundart gebräuchlich, aber nicht mehr in futurischem Sinne; sie hat nicht temporale, sondern modale Bedeutung (vgl. § 19). Eine Ungewissheit, ob die Zeitstufe der Gegenwart oder der Zukunft gemeint sei, könnte durch den Gebrauch des Präsens hin und wieder eintreten; derselben wird durch Zeitadverbien vorgebeugt.

3. Das Präsens dient endlich als Präsens historicum zur lebhaften Erzählung von Tatsachen der **Vergangenheit**, wo wir für den Sprechenden „eine wirkliche Verrückung seines Standpunktes in der Phantasie anzunehmen haben."[2])

§ 13. Das **Perfektum** hat eine doppelte Bedeutung; es steht zur Bezeichnung von Handlungen, welche

1. in der **Gegenwart vollendet sind**;
2. in der **Vergangenheit dauerten oder eintraten.**

Wird das Perfektum Passivi in der ersteren Bedeutung gebraucht, so unterbleibt die Hinzufügung von *worden*; denn es wird ja „nicht das Vorübergehen, sondern das Fortdauern eines bewirkten Zustandes dargestellt" (vgl. § 3). In der

---

[1]) Erdmann § 142, S. 98.
[2]) Paul, Prinzipien, S. 230.

zweiten Bedeutung kann bei den Verben *sein* und *wolen* neben dem Perfektum noch das Präteritum gebraucht werden.

Z. B.: *Grad aweil hot der Jockel die Zockerbix falle losse* (ad 2), *wo er grad hot nasche wolle* (ad 2), *su dass se kaput gange is* (ad 1), *wo eich em aani in die Ank gedutschelt hun* (ad 2), *dass er e ganz steif Halsgnick krieht hot* (ad 1).[1]

§ 14. Das **Plusquamperfektum** bezeichnet eine Handlung der **Vergangenheit**, welche bereits **vollendet** war, als eine andere eintrat.

Z. B.: *Die war schun längst fortgange, wie ich kumme bin; wie der geflennt hot, war er schun längst nit mehr angebunne; der hot sich schun längst fortgemacht gehatt, do sin die annern erst kumme.*

Bei dem Verbum substantivum wird das Plusquamperfektum vielfach von der jüngeren Generation auch für Handlungen gebraucht, die in der Vergangenheit dauerten oder eintraten, aber noch nicht vollendet waren. Hier ist eine Kontamination der zwei neben einander gebräuchlichen Formen (vgl. § 13) *war* und *ist gewesen* eingetreten; sie wurde begünstigt durch die in der Einleitung besprochene allgemeine Unsicherheit im Gebrauche der Mundart; z..B.: *Wo kimmst de dann her, wo warst de dann ewe gewese?*

3. Die Modi.

§ 15. Wenn wir von dem Imperativ absehen, welcher eigentlich zu den Interjektionen gehört,[2] besitzt die mainzer Mundart zwei Modi, den **Indikativ** und **Konjunktiv**. Im Konjunktiv existieren nur noch das Präteritum und Plusquamperfektum; die Konjunktive Präsentis und Perfekti, deren Formen teilweise ganz mit den entsprechenden indikativischen Formen zusammengefallen waren, sind nicht mehr vorhanden.

---

[1] Mainzer Humoristische Blätter, 1889 S. 10. Die Mundart entstammt einem Dorfe bei Mainz.

[2] Behaghel, D. Spr. S. 210.

Steht der Konjunktiv in selbstständigen Sätzen, so bezeichnet der Konjunktiv Präteriti die Zeitstufe der Gegenwart, der Konjunktiv Plusquamperfekti die der Vergangenheit. Der Konjunktiv Präteriti hat also jede Beziehung auf die Vergangenheit in dem unabhängigen Satze eingebüsst und ganz die Stelle des verlorenen Konjunktivus Präsentis eingenommen. Verschieden hiervon ist der Gebrauch der Tempora im abhängigen konjunktivischen Nebensatze (vgl. § 30).

Bei der Behandlung der Modi im Einzelnen unterscheiden wir zwischen selbstständigen und unselbstständigen Sätzen.

A. Die Modi im selbstständigen Satze.

§ 16. Der **Indikativ** ist der Modus der Wirklichkeit, „insofern in der Verbalform nichts liegt, was einen Zweifel oder Ungewissheit andeutete; durch hinzugefügte Partikel kann ein solcher ausgedrückt werden, ohne dass der Modus des Satzes sich ändert." [1]

§ 17. Der **Konjunktiv** steht in selbstständigen Aussage- und Wunschsätzen.

1. **Aussagesätze** haben den Konjunktiv, wenn eine **Potentialität** oder **Irrealität** der Aussage besteht. Als Potentialis steht der Konjunktiv, um der Aussage eine weniger bestimmte Form zu geben, sei es dass der Sprechende selbst nur vermutet oder dass er seine gewisse Ansicht in eine bescheidene Form kleiden will. Z. B.: *Des wär mer scheen, die Kinn die misse horje.*[2] *Rattegift, wo mer die drei do unne mit vergifte kennt, dess wär ebbes werth.*[3] Irreal wird der Konjunktiv gebraucht im Hauptsatze einer hypothetischen oder konzessiven Periode, neben den Adverbien *fast* und *beinahe*, bei den Verben *sollen, müssen, können*, um anzudeuten, dass eine Notwendigkeit, Pflicht oder Möglichkeit nicht erfüllt

---
[1] Erdmann, § 156.
[2] Lennig, S. 60.
[3] Lennig, S. 172.

ist.¹) Z. B. *Unser ältst Dochter wär beinoh Braut worn.*²) *Es wär besser, die dhete sich vereinige.*³) *Mer dhet se gar nit vun enanner kenne, wenn des Steppche net gezaichnet wär.*⁴)

2. In Wunschsätzen steht der Konjunktiv Imperfekti Aktivi und der Konjunktiv Plusquamperfekti Aktivi und Passivi wie in der Schriftsprache, der Konjunktiv Imperfekti Passivi aber nur dann wenn der Wünschende den Wunsch auf eine andere Person bezieht; wenn er dagegen einen Wunsch für sich selbst ausspricht, dann steht der Konjunktiv Plusquamperfekti Passivi ohne *worden*. Man sagt daher wol: *Ei wann d'r nor glei die Ängscht hätt mit eirer Leckerei;*⁵) oder: *Dhet der Kerl nor e mol dichtig dorchgehaue wern;* aber: *Ar wär am liebschte met su ere Kapp angestellt.*⁶) Die Schriftsprache gebraucht im letzteren Falle das Hilfsverbum *möchte*, seltener das blosse *würde*. Wenn die Mundart *möchte* hat, dann wird im Passivum das Partizipium Präteriti nicht mit dem Verbum *werden*, sondern mit *sein* verbunden; z. B. *der mecht gehaue sein*. Ausser *mechte* kann man in diesem Sinne *dhet gern* und den Indikativ Präsentis oder Konjunktiv Präteriti von *wollen* gebrauchen, beides in Verbindung mit *sein* und dem Partizipium, z. B. *der dhet gern gehaue sein, der will gehaue sein* (vgl. § 3).

Den Wunschsätzen nahe verwandt sind die konjunktivischen Bedingungssätze, die der Konjunktion entbehren.⁷) Dieselben erscheinen selbstständiger und daher ihrem Ursprung näher als in der Schriftsprache; z. B.: *Kennt der die Finsterniss mache, des dhet em mein Herr besser bezahle.*⁸)

§ 18. Den Konjunktiv Präsentis in den Einräumungssätzen

---

¹) Wilmanns, § 169, 5.
²) Mainzer Humoristische Blätter, 1889 S. 218.
³) Lennig, S. 170.
⁴) Lennig, S. 176.
⁵) Mainzer Humoristische Blätter, 1889 S. 210.
⁶) Mainzer Humoristische Blätter, 1889 S. 93.
⁷) Behaghel, D. Spr. S. 211.
⁸) Lennig, S. 172

ersetzt die Mundart durch den Indikativ Präsentis. Die konzessive Bedeutung wird stets durch die einleitende Konjunktion *wann auch* kenntlich gemacht; dem schriftsprachlichen *sei er auch noch so zornig, ich werde meinen Willen durchsetzen* entspricht in der Mundart *wann der aach noch so zornig is, ich dhu doch, was ich will*. In Aufforderungssätzen stehen statt des Konjunktiv Präsentis Umschreibungen mit *sollen* und *wollen*; die Wendungen mit *mögen* und *lasst uns* sind in der Mundart nicht üblich; man sagt also *er soll gehe* (schriftsprachlich *er gehe* oder *er möge gehen*), *mer wolle gehe* (*lasst uns gehen*).

§ 19. Als Potentialis fungiert ausser dem Konjunktiv noch eine periphrastische Form, welche formell mit dem schriftsprachlichen Futurum zusammenfällt. Diese hat ihren Ausgangspunkt in ihrer früher auch in der Mundart vorhanden gewesenen futurischen Bedeutung, und ist ein Beispiel dafür, „dass die modalen und temporalen Verhältnisse nicht unabhängig von einander sind. . . . . . Man kann an zwei verschiedene Erklärungen für diese Erscheinungen denken. Erstens: da alles in die Zukunft Fallende etwas Unsicheres ist, so könnte die Bedeutung des Futurums sich so entwickelt haben, dass nur das Moment der Unsicherheit übrig geblieben ist. Zweitens aber könnten wir einen Satz wie *er wird zu Hause sein*, auffassen als *es wird sich herausstellen, dass er zu Hause ist*."[1]) Dass diese Verbindung jede futurische Bedeutung verloren hat, ergiebt sich aus der Unmöglichkeit, eine bestimmte Aussage über die Zukunft durch sie auszudrücken, wie denn der Satz *ich wer sicher morje komme* ganz unzulässig ist. Nicht minder zeigt es sich darin, dass sie für gegenwärtige und vergangene Begebenheiten ohne Scheu gebraucht wird. Man sagt nicht nur *der werd jetz schun dort sei*, sondern auch *der werd e Ohrfeih krieht hawe*; die Verbindung des Hilfsverbums *werden* mit dem Infinitiv Perfekti, welche formell dem Futurum exaktum gleich ist, steht also bei einer unbestimmten Aussage über vergangene Tatsachen.

---

[1]) Paul, Prinzipien, S. 231.

B. Die Modi im unselbstständigen Satze.

§ 20. Der Hauptsatz wird nur um seiner selbst willen ausgesprochen; der Nebensatz, um dem Hauptsatze eine Bestimmung zu geben. Die Unterordnung war zunächst eine logisch-psychologische; erst allmälig bildete sich hierfür auch ein besonderer sprachlicher Ausdruck.[1]) Dieser wird um so eher anzutreffen sein, je präziser die Sprache in ihrer Ausdrucksweise ist. Daher ist die Abhängigkeit eines Satzes von einem andern in vielen Fällen in der Schriftsprache grammatisch ausgedrückt, wo sich die Mundart mit der logischen Abhängigkeit begnügt; für das schriftsprachliche *da die Fenster gefroren sind, können wir nicht auf die Strasse sehen* setzt die Mundart: *die Fenster sin gefrore, do kenne mer nit uff die Gass gucke*. Die Fälle, wo die basler Mundart statt der Hypotaxe die Parataxe anwendet,[2]) können durchweg in die mainzer Mundart übertragen werden. Die vollständige Herabdrückung des Nebensatzes zu einem Satzgliede ist in der Mundart nicht durchgeführt; niemals schneidet er als Zwischensatz den Hauptsatz entzwei; man sagt nicht *der Stuhl, auf dem er gesessen hat, ist schön*, sondern *der Stuhl is schee, wo der druff gesotze hot*. Der Nebensatz hat also in dieser Hinsicht die Selbstständigkeit bewahrt, während ihm sonst keines der einen Nebensatz charakterisierenden äusserlichen Merkmale abgeht. Zu diesen gehören die eigentümliche Wortstellung, die einleitenden Partikeln und teilweise auch der Modus. Der Gebrauch desselben im Nebensatze kann aber immer auf irgend eine der angeführten Bedeutungen des gleichen Modus im Hauptsatze zurückgeführt werden. In der Schriftsprache wird im Interesse des Zusammenhanges zwichen Haupt- und Nebensatz verlangt, dass in beiden Sätzen von demselben Begriff die Rede ist. Man sagt daher nicht: *sobald sie unten angekommen waren, lag der Drache da und wärmte sich*, wie man in Zeitungen und Schüleraufsätzen lesen kann, sondern *erblickten sie den Drachen,*

---
[1]) Paul Prinzipien, S. 119.
[2]) Binz, § 141.

welcher dort lag und sich wärmte. Die Mundart hätte gegen die erstere Verbindung nichts einzuwenden; auch dies beweist, dass die formelle Abhängigkeit des Nebensatzes in ihr minder scharf hervorgehoben wird. Betrachten wir nun die Nebensätze im Einzelnen.

§ 21. Die **Relativsätze** werden eingeleitet durch die **Relativpronomina**; diese haben in der mainzer Mundart in folgender Weise sich entwickelt:

Singular.

	Mascul.	Femin.	Neutr.
Nom.	*der wo, wo*	*die wo, wo*	*des wo, wo*
Dat.	*dem wo*	*dere wo*	*dem wo*
Acc.	*den wo, wo*	*die wo, wo*	*des wo, wo*

Plural.

Nom.	*die wo, wo*
Dat.	*dene wo*
Acc.	*die wo, wo*.

In Verbindung mit Präpositionen findet sich das Relativum nicht; an seine Stelle tritt *wo* mit oder ohne folgendes *hin, dabei, drin, her, dran, drunter, mit* u. a. Doch sind die letzteren von *wo* stets durch andere Worte getrennt; also nicht *wobei er war*, sodern *wo er dabei war*. Wie ist diese Entwicklung des Relativpronomens zu erklären?

Wir gehen aus von einer Gebrauchsweise, in welcher noch heute in der Schriftsprache das einfache Relativpronomen und *wo* nebeneinander gebraucht werden. Dies ist der Fall in Sätzen wie: *das Haus, in dem er wohnt* und *das Haus, wo er wohnt*. Durch Kontamination dieser zwei Gebrauchsweisen entstand folgende dritte: *das Haus, in dem wo er wohnt*. Wir haben also drei Gebrauchsweisen neben einander *in dem, wo* und *in dem wo*. Die zwei letzteren Formen drangen allmählich in alle Casus des Relativums ein. Zu der Verbindung *das Haus, das er bewohnt* kamen hinzu *das Haus, wo er bewohnt* und *das wo er bewohnt*. Dieser Überfluss konnte sich auf die Dauer nicht erhalten; das einfache Relativum wurde überall beseitigt; das einfache *wo* im Dativ, den die Mundart überall von den übrigen Casus genau unterscheidet; das zusammengesetzte *der wo, dem wo* u. s. w. in präpositionalen Verbindungen im Interesse des Wohllautes, um die Häufung von Partikeln zu verhindern.

Eine andere Erklärung [1]) nimmt ihren Ausgangspunkt vom mittelhochdeutschen *er gie zem künege, dâ er saz* oder *der dâ saz; dâ* wurde zu *wo*, hierauf erfolgte eine Kontamination der zwei Gebrauchsweisen, aus welcher sich der heutige Usus entwickelte.

Ein **substantivischer Relativsatz**, welcher in der Schriftsprache mit den Pronominen *wer* und *was* eingeleitet wird, findet sich auch in der Mundart, doch mit den nämlichen einleitenden Partikeln, welche der attributive Relativsatz hat, also *der wo* und *des wo*. Neben *des wo* kann auch *was* gebraucht werden, dagegen findet sich das einfache *wo* in diesem Sinne nicht. Steht der Relativsatz vor dem Hauptsatz, so muss bei Beginn des letzteren das deiktische Pronomen gesetzt werden, z. B. *der wo nix hot, der is en Lump*.

Für die **attributiven Relativsätze** ist folgende Unterscheidung von Wichtigkeit. Nach Paul[2]) „braucht die Bestimmung den Bedeutungsumfang, welchen das als Subjekt fungierende Wort besitzt, nicht zu alterieren, indem sie diesem ganzen Bedeutungsumfange zustimmt; sie kann aber auch, indem sie nur einem Teile von dem zukommt, was in der Bedeutung des betreffenden Wortes enthalten ist, dieselbe individuell verengern. In den Fällen, welche unter die zweite Kategorie fallen, ist die Bestimmung unentbehrlich, weil ohne sie das Prädikat nicht gültig ist." In der Mundart kann es keine anderen Bestimmungen geben als solche unentbehrliche, bei denen die Bestimmung als Adjektiv oder Relativsatz erscheint. Die zweite Klasse von Attributen muss durch einen neuen nicht relativisch angefügten Satz ausgedrückt werden. Man sagt also nicht *er*

---

[1]) Behaghel, Vorlesungen; angedeutet ist die Erklärung bei Binz, § 131.
[2]) Prinzipien, S. 116.

setzte sich auf den Stuhl, welcher ganz neu war, sondern *er hot sich uff de Stuhl gehockt, der war ganz nei*, wenn etwa nur ein Stuhl da war, also die Bestimmung nicht dazu dient, festzustellen, welcher Stuhl gemeint ist, sondern eine für den Bedeutungsumfang des Wortes *Stuhl* entbehrliche Hinzufügung ist. Der Gebrauch der Modi verteilt sich in den Relativsätzen derart, dass der Indikativ der regelmässige Modus ist, der Konjunktiv neben ihm gebraucht werden kann, wenn der Hauptsatz verneinenden, fragenden oder hypothetischen Sinn hat, also wie in der Schriftsprache.[1]

§ 22. Die **temporalen Nebensätze** werden durch die Konjunktionen *wie, wo, wann, ehe, seit* eingeleitet; ungebräuchlich sind *als, da, indem, während, wenn, sobald, bevor, seitdem*. Z. B.: *Der Jockel hot die Zockerbix falle losse, wo er grad hot nasche wolle*.[2] *Wie ich en Halwe getrunke hawe, hots uff ämol gehässe sie kumme*.[3] Die Konjunktion *wie* wurde früher neben *als* unterschiedslos in Komparativsätzen gebraucht; dies übertrug sich auf die Temporalsätze, in denen allmählich *als* vollständig beseitigt wurde. *Wo* entwickelte sich aus dem mittelhochdeutschen temporalen *dd*. Der gebräuchliche Modus der Temporalsätze ist der Indikativ.

§ 23. Die **kausalen Nebensätze** werden eingeleitet durch die Konjunktionen *dass, weil* und *wo doch*, nicht durch *da*, welches von *wo* verdrängt worden ist. Der gebräuchliche Modus ist der Indikativ. Die mit den Konjunktionen *weil* und *wo doch* eingeleiteten Nebensätze müssen stets nach dem Hauptsatze stehen; denn es widerstrebt der gewöhnlichen Sprechweise, eine begründende Partikel zu setzen, ohne vorher gesagt zu haben, was begründet werden soll. Z. B.: *Eich hun meich recht gefraat, dass du die Sau net meh fett zu mache brauchst, wo doch die anner Sau uff die Fassenacht geschlacht werre soll*.[4]

---

[1] Erdmann, § 192—195.
[2] Mainzer Humoristische Blätter, 1889 S. 10.
[3] Mainzer Humoristische Blätter, 1889 S. 292.
[4] Mainzer Humoristische Blätter, 1889 S. 18.

§ 24. Die **Finalsätze** werden eingeleitet durch die Konjunktion *dass*, seltener *damit*. Sehr häufig treten an ihre Stelle Kausalsätze, die mit *weil* eingeleitet sind und ein Verbum des Sollens enthalten; z. B. *der dhut des jo nor, weil die annere uff en gucke solle*, entsprechend dem schriftsprachlichen *er thut dies nur, damit die andern ihn betrachten*. Der Konjunktiv Präsentis wird in Finalsätzen natürlich nicht gebraucht; an seine Stelle tritt der Indikativ Präsentis. Der Konjunktiv Präteriti dagegen findet sich in der Mundart ebenso wie in der Schriftsprache. Z. B. *ich hab 's Maul gehalle, weil der sich fortmache sollt* oder *dass der fortgehe dhet*. Auch die Finalsätze können niemals v o r dem Hauptsatze stehen.

§ 25. Die **Konditionalsätze** werden eingeleitet durch *wann*, nicht durch *wenn*; nur beim potentialen und irrealen Fall, wo der Konjunktiv steht, kann die einleitende Konjunktion fehlen; beim realen Fall muss dieselbe immer stehen. Frage- und Imperativsätze finden sich in der Mundart öfter da, wo die Schriftsprache Bedingungssätze hat, z. B.: *Willste do hingehe? do musst de rasch komme. Wart's nor ab, der kimmt schun.* Über den Gebrauch der Modi in Konditionalsätzen ist nichts Besonderes zu bemerken.

§ 26. Die **Konzessivsätze** werden eingeleitet durch *wann aach*. Der Gebrauch der Modi unterscheidet sich nicht von dem der Schriftsprache. Für viele Konzessivsätze der Schriftsprache gebraucht die Mundart Hauptsätze, z. B. *der war ferchterlich dumm, es is awwer ebbes aus em geworn*.

§ 27. **Objekts-** und **Subjektssätze**, welche mit der Konjunktion *dass* eingeleitet werden, können n a c h und — etwas seltener — v o r dem Hauptsatze stehen; in letzterem Fall muss stets das Pronomen demonstrativum *des* an die Spitze des Hauptsatzes gestellt werden. Niemals macht die Mundart einen Satz mit *dass* abhängig von einem Substantiv; man sagt also nicht: *die Behauptung dass, die Ansicht dass* etc. Denn die hierher gehörigen Substantiva, wie *Behauptung, Meinung, Glaube, Hoffnung*

u. dgl., sind in der Umgangssprache ungebräuchlich. Der Gebrauch der Modi ist derselbe wie in der Schriftsprache;[1]) nur tritt für den Konjunktiv Präsentis durchgängig der Konjunktiv Präteriti ein. Z. B. *ich glab nit, dass der schun morje kimmt; der glabt's nit, dass er schun do is* (wenn der Sprechende die Anwesenheit als Tatsache hinstellen will); *der glabt, dass er schun do wär* (wenn der Sprechende die Meinung eines andern über die Anwesenheit anführt); *ich hab geglabt, der wär schun kumme* u. s. w. Wenn der Inhalt des Nebensatzes als Tatsache bezeichnet werden soll, so fügt man dem Verbum dicendi oder sentiendi gern das hinweisende Pronomen *es* zu; z. B. *der wähs es schun, dass mein Vatter fort is.*

§ 28. **Das Weglassen der Konjunktion dass** ist, wie in der Schriftsprache recht gebräuchlich, sogar dann wenn der Nebensatz im Indikativ steht, so dass also der abhängige Gedanke ganz in der Form eines Hauptsatzes ausgedrückt wird, die Parataxe an stelle der Hypotaxe tritt; z. B. *ich glab, er kimmt morje.*

Die **indirekte Rede** ist in der Mundart nicht in der weiten Ausdehnung gebräuchlich, wie in der Schriftsprache. Sie setzt häufig eine **direkte Rede** fort und springt hie und da in einfache **Erzählung** um; z. B. *der hot gesagt: ich geh jetz eweck, und do musst de mer alles schee in de Reih halle; wann er widderkäm, wollt er mer aach ebbes scheenes mitbringe. De Grossvater wär so krank, un do hot er e mol noch em gucke misse* u. s. w.

§ 29. Die **indirekten Fragesätze, die modalen, lokalen, komparativen und konsekutiven Nebensätze** sind in der Mundart seltener als in der Schriftsprache; in ihrem Gebrauche ist sonst kein Unterschied festzustellen.

§ 30. Der **Gebrauch der Tempora** im abhängigen konjunktivischen Nebensatze gestaltet sich folgendermassen: Steht der Hauptsatz auf der Zeitstufe der Gegenwart, so deutet der Konjunktiv Präteriti im Nebensatze auf die Gegenwart und der

---

[1]) Erdmann, § 199 und 200.

Konjunktiv Plusquamperfekti auf die Vergangenheit. Steht dagegen der Hauptsatz auf der Zeitstufe der Vergangenheit, so bezeichnet im Nebensatz der Konjunktiv Präteriti die Gleichzeitigkeit und der Konjunktiv Plusquamperfekti die Vorzeitigkeit der Handlung im Vergleich zu der Handlung des Hauptsatzes.

Imperativ.

§ 31. Der **Imperativ** wird hauptsächlich von Vollverben, selten von Hilfsverben gebildet. Eine andere Verwendung als zu Aufforderungen und Befehlen in der zweiten Person existiert nicht.

4. Die Verbalnomina.

§ 32. Von den Partizipialformen ist das **Partizipium Präsentis** verloren. Das **Partizipium Präteriti** hat bei den Verben, die ihr Perfekt mit *sein* bilden, aktive, bei den übrigen Verben passive Bedeutung. Nur die Partizipia *studiert, gelernt, verliebt* bilden eine Ausnahme, indem sie mit aktivem Sinne gebraucht werden.[1]) Z. B. *en studierter Mann, en gelernter Metzjer; un hot des mehrscht Verlibbt gesaht*.[2]) In Todesanzeigen liest man häufig: *der uns betroffene Trauerfall*.

§ 33. Der **Infinitiv** hat aktive Bedeutung. Durch den Vergleich mit dem Lateinischen sind wir geneigt, in zwei Fällen passive Bedeutung anzunehmen:

1. bei den Verben *heere, sehe* und *losse,* z. B. *ich hab's verzehle heere;*

2. in Verbindung mit der Präposition *zu* nach dem Verbum substantivum, z. B. *es is nit auszehalle*.

Der Infinitiv Passivi wird wie das Passivum überhaupt durch die Umschreibung mit *werden* gebildet; nur nach den Verben des Wünschens steht häufig für *werden* das Hilfsverbum *sein* (vgl. § 17).

Den blossen **Infinitiv** ohne *zu* verlangen folgende Verba:

---

[1]) Erdmann, § 133 S. 86.
[2]) Lennig, S. 44.

1. die Präteritopräsentia *kenne, derfe, solle, misse, mögen* (nur im Konjunktiv Präteriti gebräuchlich) und das Verbum *wolle*.
2. *helfe* und *losse, heere, sehe* und *fiehle, hawe* und *dhue, bleiwe, gehe* und *fahre*.

Wenn die genannten Verba mit Ausnahme der fünf letzten mit dem Infinitiv verbunden sind, so bilden sie ihr Perfekt nicht durch die Verbindung von *haben* mit dem Partizipium, sondern durch *haben* mit dem Infinitiv, z. B. *ich hab en sehe kenne; ich hab's verzehle heere*. Ausgangspunkt für diese Erscheinung ist das mittelhochdeutsche *lâzen*, welches zugleich Infinitiv und Partizipium sein konnte.[1]

Der Infinitiv nach der Präposition zu steht viel seltener als in der Schriftsprache. Die Mundart liebt es nicht, in wenig Worten viel Sinn zu bergen, und in einem Worte eine Bedeutung scharf abzugrenzen; daher sind Zeitwörter wie *befehlen, erlauben, raten, bitten*, überhaupt solche, welche eine scharf prägnierte Bedeutung haben, der gewöhnlichen Umgangssprache fremd; statt derselben nimmt man die unbestimmten Zeitwörter *sage, wolle, hawe wolle, glawe*, u. ä., welche schlechthin eine Aussage, Meinung und dgl. bezeichnen. Während in der Schriftsprache der Infinitiv mit *zu* auf die an erster Stelle genannten Verba folgt, gebraucht die Mundart nach den andern an zweiter Stelle genannten Verben einen formell oder wenigstens dem Sinne nach abhängigen Satz. Es wirkt hier auch das Bestreben mit, einen neuen wichtigen Gedanken in einem vollen Satze auszudrücken; in der Schriftsprache steht dieses in diesem Falle gewöhnlich im Infinitiv. Z. B. *der seet, mir sollte doch do bleiwe* (entsprechend dem schriftsprachlichen *er bittet uns da zu bleiben); er will, dass mer noch nit fortgehe* (für das schriftsprachliche *er verbietet uns fort zu gehen); der mänt, mir sollte dobleiwe* (*er rät uns da zu bleiben); der seet, mir kennte do bleiwe* (*er erlaubt uns da zu bleiben); der will hawe, dass mer do bleiwe* (*er befiehlt uns dazubleiben*) u. s. w.

---

[1] Grimm IV, S. 168.

Manchmal steht der Infinitiv für den Imperativ. Behaghel nimmt eine Ellipse eines Verbums des Wollens an, z. B. *still stehe* für *willst du still stehen*. Paul[1]) erklärt es dadurch, dass der Infinitiv den Verbalbegriff an sich bezeichnet.

5. Die Personen.

§ 34. Da die Unterschiede der Verbalformen in der Mundart noch viel mehr beseitigt sind als in der Schriftsprache, werden die einzelnen **Personen** weniger durch die Formen des Verbums geschieden als durch die beigefügten **Personalpronomina**. Diese haben sich in der Mundart seit dem Mittelhochdeutschen in zweifacher Weise entwickelt; wir unterscheiden **volle** und **abgeschwächte Formen**. Die dritte Person der vollen Formen hat im Singular und Plural dem deiktischen Pronomen *der, die, des* Platz gemacht. Sonst besteht der Unterschied zwischen diesen beiden Formen in der Abschwächung des Vokals im Pronomen zu unbetontem e, mit Ausnahme der ersten Person Singularis. Wir haben also:

	I. Volle Formen:	II. Abgeschwächte Formen:
Sing. 1.	*ich*	*ich*
2.	*du*	*de*
3.	*der, die, des*	*er, se, es*
Pl. 1.	*mir*	*mer*
2.	*ihr*	*er*
3.	*die*	*se*.

Die abgeschwächten Formen werden gebraucht, wenn das Pronomen sich an ein unmittelbar vor ihm stehendes Wort, eine Konjunktion oder das Verbum, enklitisch anlehnt, ausgenommen dass ein besonderer Nachdruck auf ihm ruht. In den übrigen Fällen werden die volleren Formen verwendet, ohne dass das Pronomen besonders hervorgehoben werden soll. Z. B. *Mir sin do gewese. Habt er's gelernt? Wann de noch do bleive willst, gehe mer in ere Stund eweck. Wo is dann dein Bruder? Der is gestern fortgange.*

---

[1]) Prinzipien, S. 108.

Die Formen des Nomens.

§ 35. Da in der mainzer Mundart die Endungen zum Teil abgeschwächt zum Teil ganz abgefallen sind, ist die Mannigfaltigkeit aus den Flexionsformen des Nomens in derselben Weise geschwunden, wie aus den Formen des Verbums. Hierdurch sind die Unterschiede der Numeri, der Casus, der Adjektivflexionen vielfach beschränkt worden. Dazu kommt noch der Verlust des Genitivs; er ist wol darauf zurückzuführen, dass neben den früheren Verwendungen des Genitivs noch andere Gebrauchsweisen Platz fanden, und allmählich den Genitiv verdrängten; wir denken hierbei an die Casus und die Konstruktionen, welche heute für den Genitiv im Gebrauch sind.

§ 36. Bevor wir an unsere Aufgabe — die Syntax der Nominalformen — herantreten, müssen wir bemerken, dass sich für den Artikel in ähnlicher Weise wie für das Personalpronomen (vgl. § 34) zwei verschiedene Formen entwickelt haben, und dass die zwei Adjektivflexionen in der mainzer Mundart noch getrennt von einander existieren. Wir haben daher unsere Darstellung in folgende Teile zu gliedern:

1. Die Genera.
2. Die Numeri.
3. Die Casus.
    a. Nominativ.
    b. Accusativ.
    c. Dativ.
    d. Genitiv.
4. Die Adjektivflexion.
5. Der Artikel.

1. Die Genera.

§ 37. Bezüglich des grammatischen Geschlechtes unterscheidet sich die Mundart von der Schriftsprache nur in folgenden zwei Punkten:

1. Zur Bezeichnung weiblicher Personen wird bisweilen das sächliche Geschlecht gebraucht; z. B. *es Lini* (für *die Lini*); *ees hot sei Dahl gebeet*[1]) (*sie hat ihr Teil gebetet*). Der Ausgangspunkt für diese Erscheinung ist der häufige Gebrauch von Diminutivformen für weibliche Personen; das sächliche Geschlecht, das diesen zukam, wurde auch auf die ursprünglichen Formen übertragen.

2. Die im älteren Neuhochdeutschen üblichen **Feminina der Familiennamen** sind in der mainzer Mundart noch im Gebrauche, wenn der Gattungsname *(Fra, Frailein)* oder Vorname nicht hinzugefügt ist. Z. B. *die Wincklern, die Diehlen* u. s. w. (entstanden aus *Wincklerin, Diehlin*); die Hinzufügung des Gattungsnamens *Herr, Frau*, welche nur selten vorkommt, stammt aus der Schriftsprache; die Mundart sagte ursprünglich nicht *Herr Diehl*, sondern *de Diehl*, nicht *Frau Diehl*, sondern *die Diehlen*. Das Geschlecht von *Fräulein* ist weiblich.

2. Die Numeri.

§ 38. Die zwei Numeri sind formell meist von einander geschieden. Nur da, wo im Mittelhochdeutschen bereits Singular und Plural einander gleich waren, oder der Plural durch Anfügung eines *e* gebildet wurde, besteht auch heute kein Unterschied mehr. Doch drangen Pluralendungen in die Pluralia einiger Substantiva ein, welche früher gleiche Formen für beide Numeri hatten z. B. *die Dinger*. Demgemäss können wir nun das formale Verhältnis des Singular zum Plural in folgender Weise bestimmen:

1. Beide Numeri sind einander gleich z. B. *die Schuh, die Stiwwel*.

2. Der Plural hat umgelauteten Wurzelvokal; der Umlaut hat in der Mundart grössere Ausdehnung gewonnen als in der Schriftsprache z. B. *deg, erm*.

3. Der Plural fügt die Endung *er* an den Stamm; auch diese hat sich in der Mundart mehr eingebürgert als in der Schriftsprache, vgl. *Dinger, Sticker, Prebcher*.

---
[1]) Lennig, S. 24.

4. Die Pluralendung *n* entspricht dem schriftsprachlichen *en* nach *r* z. B. *herrn*.

5. Die Pluralendung *e* entspricht dem schriftsprachlichen *en* nach allen Lauten ausser *r*, vgl. *Jude, buwe*.

6. Der Plural hat die Endung *s*, hauptsächlich bei einigen Familiennamen, und bei Gattungsnamen, insofern sie Familiennamen vertreten, wie *Parrer, Lehrer, Direkter* u. s. w. Solche Ausdrücke bedeuteten ursprünglich die Familie des Betreffenden, sind also eigentlich Genitive. In demselben Sinne haben wir Ausdrücke wie *'s Diehle, 's Fauste, 's Schalle*; auch diese sind ursprüngliche Genitive, und zwar der consonantischen Flexion. Die Genitive der beiden Flexionen für Familiennamen bestanden zunächst einige Zeit neben einander. Auf die Dauer war dieser Zustand unhaltbar; eine von beiden Formen gelangte zur Herrschaft in dem einen Falle, während sie in dem andern Falle verdrängt wurde. Der heutige Gebrauch ist folgender: Die Genitive mit *s* stehen bei Worten mit mehreren Silben, die mit *e* bei einsilbigen Worten. Der Artikel, der niemals fehlen darf, schloss sich natürlich der vokalischen Flexion an. Dass diese Formen tatsächlich als Pluralia empfunden werden, beweist der Gebrauch des Pluralis für das auf sie bezogene Prädikat, z. B. *'s Wincklers sin liewe Lait*.

§ 39. Über den Gebrauch der Numeri ist folgendes zu bemerken:

1. Wenn der Name eines Gegenstandes dazu dient, die Gattung, welcher derselbe angehört, zu bezeichnen, so steht nicht der Singular wie in der Schriftsprache, sondern der Plural. Man sagt also nicht *im Alter ist der Mann schwach*, sondern *alte Lait sin schwach*. Die Mundart berücksichtigt mehr das Greifbare, Sinnliche, und den Sinnen erscheinen die Gegenstände in der Mehrheit, während die Schriftsprache die aus der Vielheit der sinnlichen Dinge abstrahierte Einheit der Gattung betont.

2. Die Körperteile, welche bei einem Individuum in Mehrheit vorhanden sind, werden in der Schriftsprache in den

Singular gesetzt, in der Mundart aber in den Plural, z. B. *sie hot rote Haar, scheene Aage, kläne Fiss, dinne Erm, rauhe Hend.* Auch hier bezeichnet die Mundart das Einzelne, die Schriftsprache die Gattung.

3. Das Wort *angst* ist nur im Plural *engschte* gebräuchlich. Im Übrigen stimmen Schriftsprache und Mundart im Gebrauche der Numeri vollkommen überein. Erwähnt sei hier der scheinbare Singular in Zahl- und Massangaben, wie *pund, lot* u. s. w., welche ursprünglich neutrale Pluralia waren. Nach ihrem Muster bildete man die Formen *fuss, schuh, zoll* u. s. w.[1])

3. Die Casus.

§ 40. Schon im Mittelhochdeutschen waren vielfach Nominativ und Accusativ, Dativ und Accusativ, ja selbst Nominativ und Dativ gleichlautend. In der Mundart ging durch den lautgesetzlichen Abfall von auslautendem *e* ein weiteres wesentliches Merkmal der Casusverschiedenheiten verloren. Aber die Ausgleichung wurde durch Analogie derart erweitert, dass jetzt eine Unterscheidung der Casus bei dem Substantivum nicht mehr besteht; auch die letzten Unterschiede, welche besonders in der konsonantischen Deklination bestanden, sind beseitigt; z. B. *der Jud, dem Jud, den Jud*, lautgesetzlich wäre für Dativ und Accusativ *Jude* zu erwarten. Die Unterscheidung der Casus haftet nun an dem Artikel oder einem Pronomen, da das Substantivum selten ohne eines von diesen beiden gebraucht wird. Bei denselben wie bei dem Adjektivum werden die verschiedenen Casus noch unterschieden. Nur der Genitiv ist auch hier als lebendiger Casus völlig geschwunden.

Wir gehen nunmehr zur Betrachtung der Casus im Einzelnen über.

A. Der Nominativ.

§ 41. Der Nominativ ist der Casus des Subjektes, und stimmt in seiner Funktionsweise mit der Schriftsprache vollkommen

---
[1]) Behaghel, Germ. XXIII. S. 270.

überein. Ein früherer Nominativ musste jedoch in folgenden Fällen einem andern Casus weichen:

1. Der Nominativ Singularis Masculini von *ein, kein*, den Possessiven, und teilweise vielleicht auch dem bestimmten Artikel (vgl. § 51) wurde durch den Accusativ verdrängt. Lautgesetzlich müssten dem mittelhochdeutschen *ein, kein, mîn* u. s. w. die Formen *e, kä, mei* u. s. w. entsprechen; tatsächlich lauten die Formen jedoch *en, kän, mein* u. s. w.; dieselben gehen zurück auf mitthd. *einen, keinen, mînen*, also auf Accusative,[1]) z. B. *es is en dummer Kerl; dene ihrn Vatter kimmt.*

2. Bei der schwachen Adjektivflexion ist der Nominativ von dem Accusativ im Masculinum verdrängt worden, z. B. *der gute Kerl do* (für *der gut Kerl do*); dem mittelhochdeutschen Nominativ *guote* entspricht lautgesetzlich die Form *gut*, während die Form *gute* auf den mittelhochdeutschen Accusativ *guoten* zurückgeht.

3. Bei der starken Adjektivflexion ist der Nominativ von dem Accusativ Masculini bei den Worten, welche Sachen bezeichnen, verdrängt worden, während er bei den Worten, die für Personen gebraucht werden, erhalten bleibt. Man sagt also: *des is en gute Wei, en scheene Owe, en alte Schrank, en alte Knop* (Kleidungsstück), aber *des is en guter Kerl, en liewer Mann, en alter Knop* (= alter Kerl).

4. An stelle des Nominativ steht der Accusativ abhängig von dem Verbum substantivum in Ausdrücken wie: *wann ich dich wär; loss en nor e mol den sei.* Der Accusativ bezeichnet hier als der häufigste casus obliquus die Abhängigkeit überhaupt.[2])

5. An stelle des Nominativus der ersten Person Pluralis des Personalpronomens *wir* steht der frühere Dativ Singularis *mir*. Wir haben hier eine Einwirkung der Singulars auf den Plural, welche sich darin zeigt, dass der Anlaut *m* der obliquen

---

[1]) Tobler, S. 383.
[2]) Tobler, S. 392 ff.

Formen des Singular auch auf *wir* übertragen wird.[1]) Der analoge Vorgang *dir* für *ir* ist in der mainzer Mundart nicht eingetreten.

6. Im mainzer Landkreis wurde der Nominativ der ersten Person Singularis durch den Accusativ der zweiten Person Pluralis verdrängt, also mittelhochdeutsch *ich* durch *iuch*. Letzteres konnte sich in zweifacher Weise entwickeln; es wurde zu *ich*, wenn es unbetont, zu *eich*, wenn es betont war. In dem ersteren Falle war es gleich dem Nominativ *ich* = *ego*. Nach dem Muster des *ich* : *eich* = *vos* entstand ein *ich* : *eich* = *ego*. In beiden Casus ist nur *eich* noch vorhanden.[2])

B. Der Accusativ.

§ 42. Ein früherer Accusativ ist von einem andern Casus verdrängt worden:

1. Vom Nominativ bei der schwachen Deklination des Femininums; z. B. *der beisst sich uff die Zung.*

2. Vom Dativ bei dem Pronomen der höflichen Anrede, z. B. *ich hab Ihne gesehe*. Dieses Pronomen ist jedoch nicht ursprünglich mundartlich, sondern aus der Schriftsprache eingedrungen;[3]) früher war in der Mundart die zweite Person Pluralis gebräuchlich; von dieser existierten nur zwei Formen, von denen die eine *ihr* für den Nominativ, die andere *eich* für den Dativ und den Accusativ gebraucht wurde. Diese Verhältnisse wurden auch auf das neu eindringende Pronomen von gleicher Bedeutung übertragen, daher steht *sie* für den Nominativ, *ihne* für den Dativ und den Accusativ.

3. Vom Dativ bei dem unbestimmten Pronomen, das im Accusativ wie im Dativ durch den Dativ von *ein* ausgedrückt wird, z. B. *der haut äm immer.*

§ 43. Der Accusativ steht adverbial, nach Verben und nach Präpositionen.

---

[1]) Behaghel in Pauls Grundriss, V, 5 § 185.
[2]) Behaghel Germ. XXXI, S. 382 Anm.
[3]) Behaghel Germ. XXIV, S. 42.

1. **Adverbial** findet sich der Accusativ in *häm* (heim).

2. **Abhängig von Verben** steht der Accusativ wie in der Schriftsprache. Ein doppelter Accusativ ist in folgenden Fällen gebräuchlich: a) Zwei persönliche Accusative stehen nach *hässe* (= nennen). b) Ein Accusativ der Person und ein Accusativ der Sache (oder ein Infinitiv) stehen nach *lerne* (= docere und = discere). c) Der zweite Accusativ ist ein Prädikatsadjektiv nach *mache, halle, losse, lehe, setze, haue, flenne, lache, esse, fresse, trinke, saufe* u. ä.[1]) Vgl. *der macht mich ebbes weis; dhut ebbes fest halle, los losse; der leht sich schepp, flennt sich die Auge rot; der sauft sich voll.*

3. Die **Präpositionen** *dorch, ohne, um* und *widder* (*gegen* ist ungebräuchlich) verlangen stets den Accusativ; *an, uff, hinner, newe, in, iwwer, unner, vor* (gleich *vor* und *für*), *zwische, bei* haben Dativ und Accusativ nach sich. Nach *bei* steht der Accusativ auf die Frage wohin, entsprechend dem schriftsprachlichen *zu*, das in der Mundart fehlt.

C. Der Dativ.

§ 44. Der Dativ ist beim Pronomen der zweiten Person Pluralis und beim Pronomen reflexivum vom Accusativ verdrängt worden.

Absolut steht der Dativ als **Dativus ethicus** viel häufiger als in der Schriftsprache bei dem Personalpronomen, besonders der zweiten Person Singularis, selbst wenn die sprechenden Personen einander mit *sie* anreden, z. B.: *Der hot der so schee gesunge. Der is der awer e mol lang bei Ihne gewese.*

Die **Präpositionen** *mit, noch, wehe, seit, vun, aus* und *geheniwwer* regieren stets den Dativ; *noch* (= *nach*) wird nur in temporaler Bedeutung gebraucht; anstatt des lokalen *nach*, welches wie das lokale *zu* (vgl. § 43) in der Schriftsprache mit dem Dativ verbunden wird, steht *uff*, z. B. *der is uff Frankfort gemacht.*

D. Der Genitiv.

§ 45. Vom **Genitiv** finden sich noch erstarrte Reste in folgenden Fällen:

---

[1]) Grimm IV, S. 120 ff.

1. Die **adverbialen Genitive** *morjens, nachts, owends, mittags*. Für *vor-* und *nachmittags* sagt man *morjens* und *owends*. Hierher gehören auch die Adverbia *allerhand, allerlä*.¹)
2. Die **scheinbaren Accusative** in Ausdrücken wie *ich bin's dick, bin's mid* u. ä. Es ist dies kein Accusativ, da diesen Casus das Verbum substantivum nicht regieren kann,²) sondern ein von dem Adjektivum abhängiger Genitiv, der lautgesetzlich mit dem Accusativ Neutrius zusammenfiel. Das Sprachgefühl fasste dies jedoch als Accusativ und bildete nach dessen Analogie einen neuen wirklichen Accusativ in den Ausdrücken *ich bin den Kerl los, bin en mid* u. ä. Ebenso enthält *ebbes guts, nix scheenes* ursprünglich einen Genitiv: mittelhochdeutsch *etwaz guotes, niht schoenes*, während Nominativ und Accusativ *guotez, schoenez* lauteten.
3. Der Ausdruck *des Zeigs* ist Genitiv von *des Zeig*, und wird von der Bevölkerung bei Mainz in allen Casus für das ursprüngliche *Zeig* gebraucht, z. B. *was will dann der mit dem Zeigs do; des Zeigs war gehl un ruth un blo un grasegrin*.³) Ein erstarrter Genitiv findet sich in *dings*; er wird zur Bezeichnung einer Person gebraucht, deren Namen dem Sprechenden nicht einfällt; z. B. *der dings war do*. Hier ist zunächst eine Veränderung der Bedeutung eingetreten, indem das meist nur für Sachen verwendbare Wort auch für Personen gebraucht werden konnte; dem *iht dinges*⁴) (irgend ein Ding) entsprach dann ein *ieman dinges* (irgend jemand); heute: *so en dings war widder do*. Der Gebrauch von *dings* dehnte sich aus, er ward nicht nur für Einzelne, sondern auch für Familien verwendet, aber mit der § 38, 6 besprochenen Hinzufügung von *e*, z. B. *'s dingse sin do gewese*.
4. Der partitive Genitiv *ere*, der auf althochdeutsch *iro* zurückgeht, z. B. *ich hab ere genug*.

---

¹) Paul mhd. Gr., § 251.
²) Paul Prinzipien, S. 292; Behaghel D. Spr., S. 179 u. S. 205.
³) Lennig, S. 31.
⁴) Paul mhd. Gr., § 253.

5. Die scheinbaren Adjektive in Ausdrücken wie *meenzer Buwe, hexumer Milch, hochumer Wei;* „wir haben es hier mit alten Genitiven des Plurals von Personenbezeichnungen zu tun; die eben genannten sind eigentlich"[1] *die Buben der Mainzer, die Milch der Hechtsheimer, der Wein der Hochheimer.*

6. Die ersten Teile von unechten Zusammensetzungen, besonders bei Orts- und Strassennamen, z. B. *Laurenum (der Lauben Heim), Bretzenum (der Britten Heim), Marieborn (Born der Marien,* alter Genitiv von *Marie), Schustergass, Sailergass, Gassebub* u. s. w.

7. Die scheinbaren Plurale bei Familiennamen (vgl. § 38, 6).

§ 46. Wenn der Genitiv als lebendiger Casus in der Mundart nicht mehr existiert, so entsteht die Frage, wodurch denn heute der frühere Genitiv ausgedrückt wird. Hierüber ist folgendes zu bemerken:

1. Viele Verba, welche im Altdeutschen den Genitiv verlangten, werden auch in der neuhochdeutschen Schriftsprache mit andern Casus verbunden; bei andern kann neben dem Genitiv noch ein anderer Casus stehen. Diejenigen Verba aber, welche in der Schriftsprache noch den Genitiv nach sich haben, sind in der Mundart ganz ungebräuchlich, und werden durch andere Verba ersetzt; man sagt nicht *sich eines erinnern,* sondern *an än denke;* nicht *jemanden eines Dinges berauben,* sondern *ām ebbes abnemme;* nicht *sich einer Sache erkühnen,* sondern *ebbes dhue wolle* u. s. w.

2. Anstatt des von einem Substantiv abhängigen Genitivus, welcher einen Gegenstand bezeichnet, den das regierende Substantiv schildert[2] (vgl. *die Länge des Weges, die Kühle des Regens*), nimmt man eine Verbindung von Substantiv und Adjektiv, z. B. *der lange Weg.* Das Adjektivum steht aber nur dann attributivisch, wenn der Bestimmung das Prädikat der Unentbehrlichkeit

---

[1] Behaghel D. Spr., S. 206. Paul mhd. Gr., § 253.
[2] Grimm IV, S. 721, 5.

zukommt. Ist sie dagegen eine entbehrliche, so muss für das Adjektivum, ebenso wie für den Relativsatz (vgl. § 21) ein neuer selbstständiger Satz stehen.

3. Der Genitivus possessivus wird durch eine Art von possessivem Dativ ersetzt; „dieses ist ein echter alter Dativ; er stand ursprünglich nicht bei dem Substantiv, sondern bei dem Verbum. Statt *meines Vaters Haus hat er gekauft* konnte man auch sagen: *er hat meinem Vater sein Haus abgekauft*, wo der Dativ zum folgenden Substantiv in enge Beziehung trat, weil daneben die Verbindung *meines Vaters Haus* dem Geiste vorschwebt." [1]) Nach diesem Muster wird der possessive Dativ auch in Fällen gebraucht, „wo er sich nicht mehr in Verbindung mit dem Verbum bringen lässt." Den Genitiven folgten die nicht reflexiven Possessivpronomina der dritten Person, indem sie nur in Verbindung mit den Dativen des Pronomens *der* gebraucht werden, z. B. *dem sein Vatter kimmt heit; ich hab dene ihrn Alte gesehe.*

4. Von Präpositionen, die in der Schriftsprache mit dem Genitiv verbunden werden, ist nur noch *wegen* vorhanden; dieses verlangt in der Mundart den Dativ; an stelle von *statt, während, innerhalb, ausserhalb, oberhalb, unterhalb* setzt man *vor, in, in-drein, mit in-drein, iwwer, unner.*

4. Die Adjektivflexion.

§ 47. In der Adjektivflexion unterscheidet man bekanntlich die **stark flektierten, schwach flektierten** und **unflektierten Formen**. Wir stellen hier die Formen zusammen, welche sich lautgesetzlich aus den entsprechenden mittelhochdeutschen Formen hätten entwickeln müssen.

A. Starke Flexion:

	Mascul.	Femin.	Neutr.
S. N.	*blinder*	*blindi*	*blindes*
D.	*blindem*	*blinder*	*blindem*

---

[1]) Behaghel, D. Spr., S. 206.

	A.	*blinde*	*blind*	*blindes*
P.	N.	*blind*	*blind*	*blindi*
	D.	*blinde*	*blinde*	*blinde*
	A.	*blind*	*blind*	*blindi.*

B. Schwache Flexion:

	Mascul.	Femin.	Neutr.
S. N.	*blind*	*blind*	*blind*
D.	*blinde*	*blinde*	*blinde*
A.	*blinde*	*blinde*	*blind*
Pl.	*blinde*	*blinde*	*blinde.*

§ 48. Von der starken Flexion besitzt die mainzer Mundart noch den Nominativ und Accusativ Singularis Masculini und Neutrius und den Nominativ Singularis Feminini, also die Formen *blinder, blindi, blindes, blinde.* Stark flektierte Formen stehen:

1. Wenn das Adjektivum substantivisch verwendet wird, und nach dem unbestimmten Artikel oder dem Pronomen possessivum steht. Die Form des Nominativ Singularis Feminini ist in diesem Gebrauch auch in den Dativ und Accusativ eingedrungen; z. B. *des is en Scheener, e Scheeni, e Scheenes; er is bei seiner Scheeni.*

2. Vor einem Substantiv nach dem unbestimmten Artikel oder dem Possessiv. Die femininen Formen kommen in dieser Verwendung gar nicht, die neutralen nur selten vor. Über die Vertauschung von Nominativ und Accusativ vgl. § 41, 3. Z. B. *des is en liewer Bub;* dagegen *e lieb* (seltener *liewes) Kind, e dumm . Gans.*

3. Als erstarrte Reste in *hahrer* und *selwer*;[1] *voller* ist nicht im Gebrauch.

Unter der ländlichen Bevölkerung ist die im Mittelhochdeutschen auf *iu* auslautende Adjektivform in ausgedehntem Masse gebräuchlich.

§ 49. In der schwachen Flexion unterscheiden wir Formen mit und ohne auslautendes *e;* letztere sind lautgesetzlich

---

[1] Vgl. Grimm IV, 199; Behaghel, D. Spr., S. 208; Erdmann, § 66.

mit den unflektierten Formen zusammengefallen. Der Nominativ Singularis Masculini lautet in der Mundart *blinde* (also mhd. *blinden* entsprechend), er ist dem Accusativ angeglichen worden (vgl. § 41, 2). Umgekehrt sind der Dativ und Accusativ Singularis Feminini durch den Nominativ verdrängt worden; z. B. *der eklige Lausbub war schun widder do; er is gestern bei de Mayern gewese; ich hab die miserabel Frau aach gesehe.*

Für das schwach flektierte Adjektiv sind folgende Gebrauchsweisen zu unterscheiden:

1. Es steht in allen Casus nach dem bestimmten Artikel, z. B. *de alt Bambel war do. Ich hab de alte Bambel gesehe. Die alt Wincklern is fort. Was will dann des klä Kerlche.*

2. Es steht vor einem Substantivum nach dem unbestimmten Artikel und Pronomen possessivum im Dativ Singularis aller drei Geschlechter, im Nominativ und Accusativ Singularis Feminini und Neutrius, und im Plural aller drei Geschlechter, z. B. *mei liewe Kinner sin nit mehr do; er is bei seim alte Mutterche gewese.*

§ 50. Die sogenannte **unflektierte Form** unterscheidet sich in ihrem Gebrauche kaum von dem der Schriftsprache;[1]) sie steht

1. als Prädikat;
2. bei gewissen Pronominen und Quantitätsbegriffen, nämlich a) *all* (vor dem bestimmten Artikel), *lauter, viel, wenig, genug, halb, ganz;* b) bei *ein* im Nominativ und Accusativ Singularis Feminini und Neutrius; c) bei *kein* und dem Possessivum, ausserdem noch im Nominativ und Accusativ Pluralis aller drei Geschlechter.

An stelle von *solch* und *welch* in Redensarten wie *solch ein Mensch, welch ein Mensch* setzt der Mainzer die adverbialen Ausdrücke *so* und *was for*, z. B. *so en Kerl, was for en Kerl.*

5. Der Artikel.

§ 51. An dem Artikel haftet vor allem der Casusunterschied,

---

[1]) Erdmann, § 48 ff.

während er an den Endungen des Substantivums nicht mehr vorhanden ist.

Der unbestimmte Artikel unterscheidet formal nur zwei Casus, indem Nominativ und Accusativ in allen drei Geschlechtern einander gleich sind (vgl. § 41, 1).

Auch bei dem bestimmten Artikel unterscheidet sich meist der Nominativ nicht vom Accusativ. Wichtiger ist bei ihm der Unterschied zwischen den vollen und abgeschwächten Formen.

A. Volle Formen:

	Masc.	Fem.	Neutr.		Plural.
S. N.	*der*	*die*	*des*	P. N.	*die*
D.	*dem*	*dere*	*dem*	D.	*dene*
A.	*den*	*die*	*des*	A.	*die.*

B. Abgeschwächte Formen:

	Masc.	Fem.	Neutr.		Plural.
S. N.	*de*	*die*	*'s*	P. N.	*die*
D.	*'m*	*de*	*'m*	D.	*de*
A.	*de*	*die*	*'s*	A.	*die.*

Die vollen Formen sind zum Teil aus den entsprechenden mittelhochdeutschen Formen des Artikels entstanden, zum Teil das Ergebnis mannigfacher Analogiewirkungen. Die Entstehung der abgeschwächten Formen ist in ihrer proklitischen Stellung begründet. Den Lauten *m* und *s* wurde *d* assimiliert; *de* geht im Accusativ Singularis und im Dativ Pluralis auf *den* zurück; im Nominativ Masculini und Dativ Feminini Singularis entspricht es dem mittelhochdeutschen *der*. Wir haben hier vielleicht besonders starke Abschwächung des *der*; nicht unmöglich ist, dass auch in diesen Casus *de* auf *den* zurückgeht. Wie beim unbestimmten Artikel drang die Accusativform in den Nominativ ein und es entstanden Doppelformen. Nach dem Muster des Nominativ Masculini bildete sich im Dativ Feminini neben der ursprünglichen Form *der* die Form *den*. Die Form *der* musste nachher in beiden Casus der Form *den* weichen, welche sich lautgesetzlich zu *de* entwickelte.

Die **vollen Formen** des Artikels werden gebraucht, wenn das Nomen erst durch den Artikel seine Bestimmtheit empfangen soll, durch den Hinweis auf etwas Anwesendes, Gesagtes oder zu Sagendes, z. B. *der Kerl is schun widder do; ich habs dem dumme Bub gesagt;* *ich hab dem arme Mann ebbes gewe, der wo gestern do war;* denn ausser diesen giebt es noch andere Kerle, dumme Buben, arme Männer, von denen hier nur je einer gekennzeichnet werden soll. Es ist ersichtlich, dass die vollen Formen der demonstrativen Grundbedeutung des bestimmten Artikels viel näher stehen; sie werden gebraucht, wo die Schriftsprache den Artikel in seiner ursprünglich demonstrativen Bedeutung oder die Pronomina *dieser* oder *jener, dieser hier* und *jener dort* anwendet.

Die **abgeschwächten Formen** dienen nur zur Unterscheidung der Casus und werden gebraucht, wo das Nomen eine Bestimmtheit durch den Artikel nicht mehr empfangen kann, sondern durch seine Bedeutung hinreichend gekennzeichnet ist. Sie stehen daher:

1. Bei Eigennamen, welche nie ohne den Artikel stehen dürfen; vgl. *ich hab de Karl gesehe.*
2. Bei Personen oder Sachen, „die in ihrem Kreise einzig dastehen"; [1]) z. B. *de Vatter hot mer's gesagt; 's Kind hot gekrische; der leiht uff de Erd, uff 'm Boddem.* In der Poesie kann hier der Artikel völlig fehlen; vgl. *Meister muss sich immer plagen.*
3. Bei Gattungsnamen (vgl. § 39, 2) und Pluralen; z. B. *der läft unner de Bäm herum.*

---
[1]) Erdmann, § 28 ff.

Lebenslauf.

Der Verfasser *Hans Reis*, Sohn des Gymnasiallehrers i. P. Prof. Dr. *Paul Reis*, ist geboren zu Mainz am 27. September 1867, und gehört der katholischen Konfession an. Die erste Schulbildung erhielt er an dem Scharvogel'schen Institut zu Mainz; er besuchte alsdann das Gymnasium seiner Vaterstadt und erhielt an letzterer Anstalt das Zeugnis der Reife am 1. April 1886. Er studierte auf den Hochschulen zu Heidelberg, Freiburg, Berlin und Giessen, und hörte Vorlesungen bei den Herren Professoren *Bartsch, Behaghel, Braune, Brugman, Erdmannsdörffer, Fischer, Oncken, Paul, Freiherr von der Ropp, Schiller, Siebeck* und *Sievers*. Ihnen allen ist er für die mannigfachen Anregungen, die er erhalten hat, zu Danke verpflichtet, besonders aber Herrn Prof. Dr. *Behaghel*, der ihm für diese Arbeit wertvolle Winke und Belehrungen gab.

Am 28. Februar 1891 bestand er die für Aspiranten des höheren Lehramts vorgeschriebene Prüfung, und ist jetzt Mitglied des pädagogischen Seminars am Grossherzoglichen Neuen Gymnasium zu Darmstadt.